Gabi Neumayer

Fußball

Mit Illustrationen von
Wilfried Gebhard

cbj ist der Kinder- und Jugendbuchverlag
in der Verlagsgruppe Random House

*Unser herzlicher Dank gilt Thomas Haftmann, Svenja Heidorn und Uwe Kirchner
vom WDR und vor allem Joachim Lachmuth von der Redaktion
der »Sendung mit der Maus«.*

Gesetzt nach den Regeln der Rechtschreibreform

1. Auflage 2008
© 2008 cbj, München
© I. Schmitt-Menzel / WDR mediagroup licensing GmbH
Die Sendung mit der Maus ® WDR
Alle Rechte vorbehalten
Lektorat: Ulrike Hauswaldt
Redaktion: Anette Reiter
Bildredaktion: Annette Mayer
Umschlagbild und Innenillustrationen: Wilfried Gebhard
Umschlagkonzeption: init. büro für gestaltung, Bielefeld
Bildnachweis für Innenfotos: ABATEC Electronic AG, Regau, Österreich: 42; akg-images,
Berlin: 5; AP Photo, Frankfurt: 33 (Cornelius Maas); Corbis, Düsseldorf: 52 o. (TempSport/Dimitri Lundt);
Die Schweizerische Post, Bern, Schweiz: 11 u. (© Die Post); Getty Images,
München: 47 o.M.r. (Allsport/David Cannon), 47 u. (AFP/Adrian Dennis); Imago, Berlin: 11 o., 45 (Ulmer),
19 (Volkmann), 47 o.r. (Sven Simon), 48 l. (Kicker/Metelmann), 49 u.r. (Frinke);
picture-alliance, Frankfurt: 9, 13 o., 48 r., 49 o.r., 49 u.l., 50, 52 u., 53 (dpa), 12, 13 u.l., 47 o.l., 47 o.M.l.,
49 o.l. (Sven Simon), 37 (ZB); SG Blau-Weiß Ragow 1955 e.V., Mittenwalde/Ragow: 13 u.r.
Mausillustrationen: Ina Steinmetz
AR · Herstellung: SH
Layout und Satz: Sabine Hüttenkofer, Großdingharting
Reproduktion: Wahl Media GmbH, München
Druck: TBB, Banská Bystrica
ISBN 978-3-570-13404-7
Printed in the Slovak Republic

www.cbj-verlag.de

Inhalt

* Alle im Text farbig hervorgehobenen Begriffe werden im Mauslexikon erklärt.

Warum wurde das Fußballspielen früher verboten?

Das kann man am besten verstehen, wenn man sich anschaut, wie früher Fußball gespielt wurde. Denn unsere heutigen Fußballregeln haben sich erst in den letzten 150 Jahren entwickelt. Davor ging es beim Fußball oft so rau zu, dass manche Völker das Spiel sogar als Kampftraining für ihre Soldaten einsetzten.

Das war vor über 2000 Jahren bei den Chinesen üblich. Und auch die alten Griechen und Römer hatten Ballspiele, mit denen sich ihre Krieger für den Kampf fit machten.

Doch manchmal waren die frühen Ballspiele, aus denen sich unser moderner Fußball entwickelt hat, nicht nur rau, sondern so gefährlich, dass sie sogar verboten wurden. Das passierte ziemlich oft in England. Vor gut 1000 Jahren traten dort noch ganze Dörfer im Fußball gegeneinander an. Sie spielten aber nicht auf einem abgesteckten Spielfeld, sondern überall auf dem Gelände zwischen ihren Dörfern. Durch Pfützen, über Hecken und Zäune wurde der Ball gespielt – übrigens nicht nur mit den Füßen.

Das Ziel war es, ihn durch das gegnerische Stadttor zu schießen. Und außer Mord und Totschlag war fast alles erlaubt! Das hatte schlimme Folgen: Es gab viele schwere Verletzungen und jede Menge kaputte Zäune und Häuser.

Darum verbot im 14. Jahrhundert der englische König Edward II. das Fußballspielen. Er hatte dafür auch noch einen weiteren Grund: Da England gerade Krieg gegen Frankreich führte, sollten sich die Menschen seiner Meinung nach lieber mit Bogenschießen beschäftigen, das man beim Kämpfen gleich einsetzen konnte.

Das griechische Mannschaftsspiel »Episkyros« war eine Mischung aus Hand- und Fußball. Hier musste ein von der Grundlinie aus geschossener Ball gefangen werden.

Allgemeine Fußballverbote gab es auch später immer wieder. In vielen Ländern war es nicht erlaubt, dass Frauen Fußball spielten – in Saudi-Arabien zum Beispiel galt das noch bis vor wenigen Jahren.

Heute wird vor allem falsches Verhalten von Spielern oder Fans mit Fußballverbot bestraft. Wenn zum Beispiel die Fans einer Mannschaft gewalttätig werden, kann der Verein von einem Wettbewerb ausgeschlossen werden.

Für die meisten bedeutet Fußball mittlerweile aber vor allem Sport und Unterhaltung. Gute Fußballspieler werden als Stars gefeiert, nicht als rücksichtslose Rüpel betrachtet. Meistens zumindest.

Fußballverbot in Boliviens Hauptstadt La Paz: Die Stadt liegt mehr als 3000 Meter über dem Meeresspiegel. Ab dieser Höhe verbietet die »Höhenregel« des Fußballweltverbands FIFA offizielle Profi-Spiele – aus gesundheitlichen Gründen.

Wer hat den Fußball erfunden?

Das ist gar nicht leicht zu beantworten. Denn Fußball wurde nicht – wie die Glühbirne oder das Telefon – von einem bestimmten Menschen in einem bestimmten Jahr erfunden, also etwa von Willi Fuß im Jahr 1822. Nein, ihr wisst ja bereits, dass es schon vor langer Zeit und bei ganz verschiedenen Völkern Spiele gegeben hat, die unserem heutigen Fußball ähneln – zum Beispiel bei den Chinesen, den Griechen und den Römern. Aber auch in Mexiko und Japan spielte man Ball:

Beim »Ulama« versuchten die Azteken in Mexiko vor ungefähr 3000 Jahren, einen Ball durch ein Steintor oder einen Ring zu befördern. Dabei durften sie nur Hüfte, Oberschenkel und Ellbogen benutzen.

Das japanische »Kemari« vor etwa 1500 Jahren war ein sehr vornehmes Spiel. Adlige und Priester in Kimonos standen im Kreis und versuchten, einen mit Federn gefüllten Ball in der Luft zu halten.

Wenn er den Boden berührte, war ein Spielzug zu Ende. Punkte wurden dabei aber nicht gezählt, denn beim Kemari ging es nicht ums Gewinnen, sondern um die feierliche Handlung des Spielens selbst.

Es gibt aber ein bestimmtes Jahr, in dem es mit dem Fußball, wie wir ihn heute kennen, anfing: 1863. Damals wurde der erste Fußballverband der Welt gegründet, die englische »Football Association«. Wegen dieser Organisation, in der vor allem Schul- und Universitätsmannschaften zusammengeschlossen waren, nennt man England auch »das Mutterland des Fußballs«. Dadurch dass die englischen Teams viel herumreisten, brachten sie den Fußball auch in andere Länder. Zuerst steckten sie die Europäer mit ihrer Fußballbegeisterung an, danach eroberte der Fußball auch die anderen Kontinente.

Der Fußball wurde nicht zu einer bestimmten Zeit an einem bestimmten Ort »erfunden«. Viele Völker waren über die Jahrtausende an der Entstehung dieses Sports beteiligt.

Also: Der Fußball wurde eigentlich an mehreren Orten »erfunden«. Die Engländer stellten schließlich die ersten offiziellen Regeln auf und machten dann ihre Art des Fußballspielens überall bekannt. Ein Willi Fuß war an der Erfindung des Fußballs nicht beteiligt…

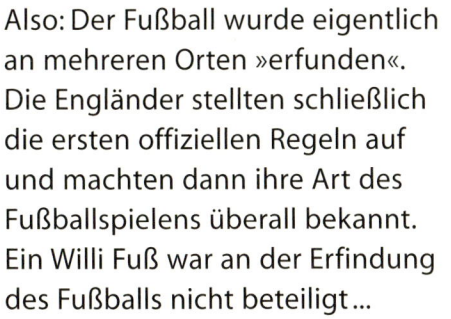

Ihr möchtet mit euren Freunden spielen? Kein Problem: Schnell einen Pullover zu einem Ball knoten, Jacken oder Schuhe als Tormarkierungen nehmen, und schon kann's losgehen! Das ist wohl ein Hauptgrund, warum Fußball so beliebt ist: Man kann es überall und ohne besondere Ausrüstung spielen. Außerdem sind die Grundregeln weltweit bekannt – und so einfach, dass jeder gleich loslegen kann.

Das japanische »Kemari« – das heißt »Kickball« – wird auch heute noch gespielt. Dabei darf der Ball den Boden nicht berühren.

»Ulama« – das bedeutet »Ball spielen« – war ganz schön schwierig zu spielen, denn man durfte weder Hände noch Füße benutzen.

Was ist die Fußball-WM?

Die Fußball-Weltmeisterschaft ist für Spieler und Fans das größte Fußballereignis überhaupt. Sie findet alle vier Jahre in einem anderen Land statt – manchmal auch in zwei Ländern –, und die Nationalmannschaften vieler Länder spielen dabei gegeneinander. Um zu erklären, wie die WM funktioniert, erfinden wir schnell mal ein kleines, fußballverrücktes Land: Bolzonien.

Die bolzonischen Fußballfans stehen Kopf: Bolzonien wird erstmals als eines von fast 200 Ländern an der weltweiten Qualifikationsrunde zur nächsten WM teilnehmen! Und erst recht aus dem Häuschen ist man in Bolzonien, als die Mannschaft in ihrer Qualifikationsgruppe unerwartet Gruppensieger wird. Denn nun geht es zum WM-Turnier.

Die Bolzonier halten den Atem an, als die besten 32 Mannschaften aller Qualifikationsspiele durch das Los auf acht Gruppen verteilt werden. O je, sie müssen gegen Brasilien spielen! Aber das bolzonische Team schafft die Sensation: Sie verlieren zwar gegen Brasilien, doch nachdem jeder in der Gruppe gegen jeden gespielt hat, sind sie trotzdem Gruppenzweiter und kommen damit ins Achtelfinale.

Jetzt sind nur noch 16 Mannschaften übrig, die ersten beiden aus jeder Gruppe. Aber die bolzonischen Fans wissen: Nun wird es hart. Denn ab jetzt scheidet in jedem Spiel eine Mannschaft aus. Doch noch einmal wachsen die bolzonischen Spieler über sich hinaus und erreichen im Elfmeterschießen das Viertelfinale. Dort ist dann aber endgültig Schluss. Bolzonien feiert trotzdem, dass sie so weit gekommen sind. Damit hat nun wirklich niemand gerechnet!

Ganz klar: Die WM ist das wichtigste Turnier im Fußball. Aber es gibt noch viele andere Wettbewerbe. Auf jedem Kontinent spielen die besten Ländermannschaften gegeneinander – bei uns alle vier Jahre bei der Europameisterschaft.

Qualifikationsrunde

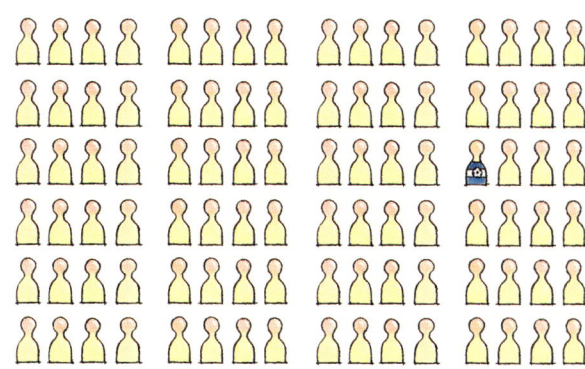

= Bolzonien

Auch eingefleischte Fußballfans müssen manchmal überlegen: Wie viele Mannschaften spielen noch mal im Achtel- und im Viertelfinale? Unser Merk-Tipp: Die Zahl im Wort entspricht der Zahl der Spiele in der Runde:

8tel-Finale = 8 Spiele, also 16 Mannschaften
4tel-Finale = 4 Spiele, also 8 Mannschaften

Endrunde

Vorrunde

Auch die besten Vereine verschiedener Länder messen sich. Und innerhalb eines Landes spielen die Mannschaften nicht nur in der ersten Liga, sondern noch in vielen weiteren Spielklassen, zum Beispiel innerhalb eines Bundeslandes oder einer Stadt. Denn Wettkämpfe gehören zum Sport einfach dazu.

Achtelfinale

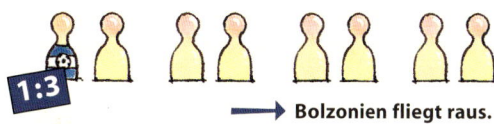

3:5 n. E.

➡ Bolzonien kommt ins Viertelfinale (nach Elfmeterschießen).

Viertelfinale

1:3

➡ Bolzonien fliegt raus.

Halbfinale

Seit 1997 findet jedes Jahr eine Fußball-WM für Roboter statt, die »RoboCup-Weltmeisterschaften«. Wissenschaftler lassen dabei ihre Roboterteams gegeneinander antreten und tauschen danach ihre Erfahrungen aus.

Finale

Ist Fußball nur was für Jungs?

Im Fernsehen und in den Zeitungen wird in vielen Ländern fast nur über Männerfußball berichtet. Da könnte man denken, dass Mädchen und Frauen gar nicht Fußball spielen wollen oder können. Aber das stimmt ganz und gar nicht!

Auch wenn wir heute nur wenig darüber wissen: Schon vor langer Zeit haben Frauen Fußball gespielt. Zum Beispiel kickten bei den Inuit in Alaska schon vor Jahrhunderten Männer und Frauen gemeinsam. Und im 17. Jahrhundert gab es in Schottland regelmäßig Spiele zwischen verheirateten und unverheirateten Frauen.

Doch viele Männer wollten nicht, dass Frauen Sport trieben. Um sie davon abzuhalten, behaupteten sie, dass Fußballspielen für Frauen zu anstrengend oder zu gefährlich wäre. Und sie machten den Frauen auf unterschiedliche Weise das Spielen schwer oder verboten es ihnen gleich ganz. Das ist in manchen Ländern noch gar nicht so lange her.

1897 veranstalteten Radfahrerinnen in der englischen Stadt Oxford den »Hosenkongress«. Dabei traten sie für das Tragen von Hosen beim Sport ein, und zwar mit Erfolg: Danach mussten die Sportlerinnen endlich keine störenden Kleider und Röcke mehr tragen.

Deutschlands Fußballerinnen sind bisher sechsmal Europameisterinnen geworden.
2003 und 2007 holten sie sogar den Weltmeister-Titel.

Im Jahr 1894 gründete die Engländerin Nettie Honeyball die erste englische Frauenfußballmannschaft. Als es ab 1914 jahrelang keine Spiele der Männer gab, weil die meisten von ihnen im Ersten Weltkrieg kämpften, wurden die Spiele der Frauen bei den Zuschauern immer beliebter. Zum Ärger der Männer blieb das auch nach Kriegsende so. Wohl deshalb beschloss der britische Fußballverband 1921, dass Fußball für Frauen ungeeignet sei. Das war dasselbe wie ein Fußballverbot, denn die Frauen durften danach die Fußballplätze der Männer nicht mehr benutzen.

Noch im Jahr 1955 verbot der Deutsche Fußball-Bund (DFB) den Frauenfußball, weil die Männer es »unanständig« fanden, wenn Frauen sich beim Sport zeigten. Erst ab 1970 wurden Frauenmannschaften in den DFB aufgenommen, und seit 1991 gibt es auch eine Frauen-Bundesliga.

2007 brachte die Schweiz eine Sondermarke »Frauenfußball« heraus.

Seitdem wird der Frauenfußball in Deutschland Jahr für Jahr beliebter. Auch Fernsehen und Zeitungen berichten immer öfter davon. Das ist kein Wunder, denn die deutschen Fußballerinnen sind international sehr erfolgreich: Sie waren schon sechsmal Europa- und zweimal Weltmeisterinnen.
Und das spornt wiederum immer mehr Mädchen dazu an, selbst Fußball zu spielen.

Warum sollten denn auch nur Jungs gut Fußball spielen können?

Was ist die »Salatschüssel«?

Die silberne Meisterschale für den Deutschen Fußball-Meister wiegt 11 Kilogramm, ist mit Edelsteinen besetzt und etwa 25 000 Euro wert.

Diese »Salatschüssel« findet man in keiner Küche. Und auch wenn viele sie nicht gerade schön finden: Jeder Verein der 1. Bundesliga möchte sie am Ende der Saison in den Händen halten. Denn die »hässlichste Salatschüssel der Welt« – so wird die Meisterschale frech, aber liebevoll genannt – wird jedes Jahr dem neuen Deutschen Fußballmeister überreicht.

Doch behalten darf er sie nicht. Die Meisterschale ist nämlich ein Wanderpokal, wie viele andere Fußball-Pokale auch: Sie wandert jedes Jahr zum neuen deutschen Meister. Aber jeder Meister wird für immer in den Rand eingraviert. Da wird der Platz natürlich irgendwann eng. 1981 bekam die silberne

Schale deshalb einen zusätzlichen Ring. Wenn der voll ist, muss die Schale wieder erweitert werden.

In allen großen und vielen kleinen Fußball-Wettbewerben gibt es einen Pokal oder eine Schale für den Sieger, manchmal auch eine Medaille. Denn ein solcher Preis ist ein Symbol, ein Zeichen dafür, dass eine Mannschaft sich im Wettstreit mit anderen behaupten konnte. Und damit sich jeder immer wieder an die Siege erinnert, stellen die Vereine ihre Pokale und Schalen meist in einer Vitrine, einem Glasschrank, aus.

Rekordmeister Grasshopper Club Zürich: Bis 2007 konnten die Spieler dieses Vereins schon 27-mal am Ende der Saison den Pokal des Schweizer Fußballmeisters hoch halten.

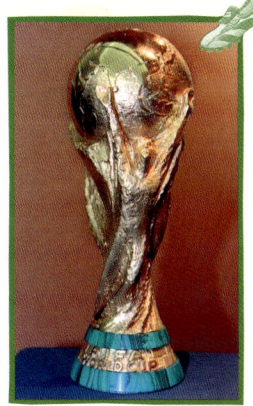

Der goldene FIFA World Cup für den Fußballweltmeister ist 36 cm hoch und wiegt 4970 Gramm.

Jeder wichtige Fußball-Wettbewerb hat übrigens einen eigenen Pokal. Der bekannteste ist der »FIFA World Cup«; »cup« ist englisch und heißt »Pokal«. Den FIFA World Cup bekommt der Fußball-Weltmeister – für vier Jahre. Danach muss er ihn an den nächsten Weltmeister weitergeben. Pokale wandern eben gern!

Wer einen Pokal bekommt, trinkt daraus auch gern mal auf den Sieg. Könnte man da nicht auch aus der »Salatschüssel« essen …? Nein, dann doch lieber in die Vitrine damit!

2002 gewann Schalke 04 den DFB-Pokal. Doch der Manager des Vereins, Rudi Assauer, ließ ihn fallen, und der »schiefe Pokal von Schalke« musste für 32 000 Euro repariert werden. Viele regten sich damals auf. Aber nicht über die Kosten! Sondern darüber, dass Assauer mit diesem Symbol des großen Vereinserfolgs so unvorsichtig gewesen war. Ein Pokal ist eben nicht einfach nur ein großer teurer Becher.

Der DFB-Pokal ist neben der Meisterschale der zweite wichtige Pokal im deutschen Fußball. Das Besondere an diesem Wettbewerb: Dort spielen nicht nur die Vereine der 1. und 2. Bundesliga, sondern auch Mannschaften aus den unteren Spielklassen.

Pokale müssen nicht immer wie große Becher aussehen. Das beweist zum Beispiel der »Goldene Traktor«, ein Pokal, der früher in der DDR verliehen wurde.

Warum spielen immer elf Leute in einer Mannschaft?

Dass nur elf Spieler pro Team erlaubt sind, ist für uns heute selbstverständlich. Dabei war das nicht immer so: Erst 1870 wurde es vom englischen Fußballverband so festgelegt. Und das gilt für alle heutigen Fußballregeln: Sie wurden erst nach und nach aufgestellt, um das Spielen weniger gefährlich oder spannender zu machen und um überall auf der Welt einheitliche Regeln zu schaffen.

Jahrtausendelang spielte man Fußball nämlich mit ganz unterschiedlichen Regeln. Erst nachdem 1863 in England der erste Fußballverband gegründet worden war, ging es mit den einheitlichen Regeln los. In den Jahren danach wurden viele Regeln eingeführt, die für uns heute ganz selbstverständlich sind.
Zum Beispiel diese hier:

1871: Nur der Torwart darf seine Hände beim Spiel einsetzen.
1872: Für Fußbälle wird eine einheitliche Größe eingeführt.
1890: Die Tore bekommen Netze.

Erst im Jahr 1896 legten die »Jenaer Regeln« fest, dass die Spielfelder frei von Bäumen und Sträuchern sein müssen.

1904 entstand dann der Weltfußballverband: die »Fédération Internationale de Football Association«, also die »Internationale Föderation des Verbandsfußballs«, kurz: FIFA. Seitdem gelten alle Regeländerungen, die die FIFA beschließt, überall auf der Welt. Und geändert wird immer mal wieder etwas, um das Spiel spannender oder sicherer zu machen, zum Beispiel:

1904: Die Hosen der Spieler müssen nicht mehr die Knie bedecken.
1939: Die Rückennummern werden eingeführt.

Seit 1882 ist der Einwurf mit beiden Händen erlaubt.

14

Seit 1984 bekommt ein Spieler für »übermäßigen Jubel« die gelbe Karte.

In der Frage vom Anfang steckt übrigens eine Falle. Denn es spielen gar nicht immer elf Leute in einer Mannschaft! Nach den Regeln dürfen es höchstens elf sein, aber es müssen mindestens sieben Spieler pro Mannschaft auflaufen. Sonst darf das Spiel nicht angepfiffen werden.

1970: Statt mündlicher Verwarnungen gibt es nun die gelbe und die rote Karte.

1991: Die gelb-rote Karte wird eingeführt.

1995: Pro Spiel dürfen drei Spieler ausgewechselt werden.

1993 wurde die gefährliche Grätsche von hinten grundsätzlich verboten.

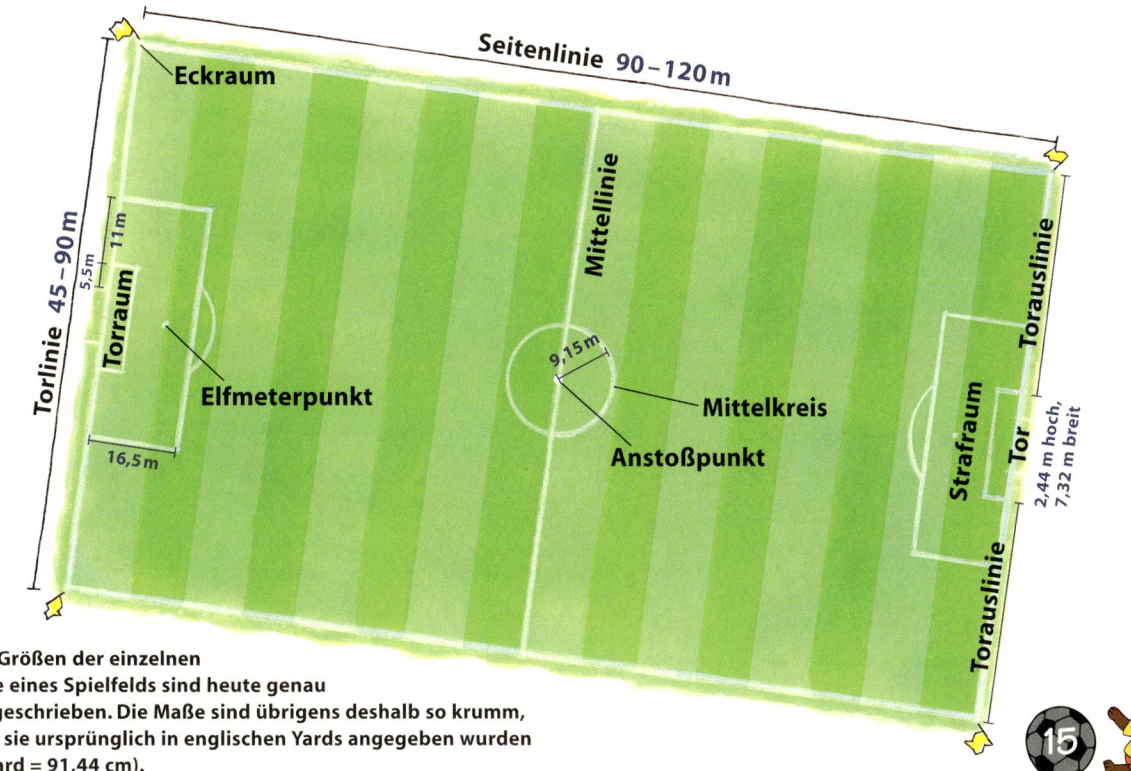

Eckraum

Seitenlinie 90–120 m

Torlinie 45–90 m

Torraum

11 m

5,5 m

Mittellinie

Torauslinie

9,15 m

Elfmeterpunkt

16,5 m

Mittelkreis

Anstoßpunkt

Strafraum

Tor

2,44 m hoch, 7,32 m breit

Torauslinie

Die Größen der einzelnen Teile eines Spielfelds sind heute genau vorgeschrieben. Die Maße sind übrigens deshalb so krumm, weil sie ursprünglich in englischen Yards angegeben wurden (1 Yard = 91,44 cm).

Was ist Abseits?

Schon vor 150 Jahren fand man es unfair, wenn sich Spieler einfach vors gegnerische Tor stellten und dort auf den Ball warteten. Sie hatten dann ja nur noch den Torwart vor sich und konnten ganz leicht ein Tor schießen. Deshalb erfand man die Abseitsregel: Wenn ein Spieler aus einer Abseitsposition heraus den Ball ins Tor schießt, gilt das nicht als Tor. Drei Bedingungen müssen zusammenkommen, damit ein Spieler im Abseits steht:

1 Der angreifende Spieler (**A**) befindet sich in der gegnerischen Hälfte des Spielfelds.

2 Nicht mehr als ein Gegenspieler (meist der Torwart) steht näher zur Torlinie als der Angreifer.

3 Der Angreifer ist der Torlinie näher als der Ball.

Aber das ist noch nicht alles. Abseits ist es nämlich nur dann, wenn diese Bedingungen im Moment der Ballabgabe erfüllt sind. Also dann, wenn ein Mitspieler dem Angreifer den Ball zuspielt (auf dem großen Bild die Spielerin mit der 9). Darum ist Abseits selbst für geübte Schiedsrichter schwer zu erkennen. Sie müssen dafür ja fast das ganze Spielfeld und alle Spieler gleichzeitig überblicken. Und die laufen nach der Ballabgabe alle weiter...

Einfach nur in Abseitsposition zu stehen, das ist nach den Regeln aber noch kein Vergehen. Abgepfiffen wird erst, wenn der Spieler im Abseits daraus einen Vorteil zieht, also

zum Beispiel den Ball ins Tor schießt. Kein Wunder, dass es oft falsche Abseitsentscheidungen gibt und die Regel immer wieder geändert wurde. Zurzeit streitet man über das »passive Abseits«. Dabei steht der Spieler zwar im Abseits, greift aber nicht in das Spiel ein. Deshalb wird diese besondere Abseitsstellung auch nicht bestraft – heute zumindest. Viele wollen aber, dass in Zukunft jede Art von Abseits bestraft wird. Vielleicht gibt es ja schon bald wieder eine Regeländerung.

Abseits zu verstehen und zu erkennen ist also ganz schön knifflig. Aber wenn ihr das geschafft habt, dann seid ihr wirklich echte Fußballexperten!

Kurz bevor der Ball gespielt wird, rennen die beiden Verteidiger plötzlich vom Tor weg. Dadurch steht der Angreifer im Moment der Ballabgabe allein vor dem Torwart. Abseits! Diesen Trick der Verteidiger nennt man »Abseitsfalle«. Sie ist wirkungsvoll, aber auch gefährlich. Denn wenn sich die Verteidiger beim Zurücklaufen nur um Sekundenbruchteile »verspäten«, steht der Angreifer nicht im Abseits und kann ungehindert aufs Tor schießen.

Wozu gibt es Schiedsrichter?

Heute gibt es im Fußball eine Menge Regeln. Da braucht man jemanden, der sie gut kennt und aufpasst, dass die Spieler und Trainer sie auch einhalten. Das macht der Schiedsrichter zusammen mit seinen Assistenten.

Der Schiedsrichter muss **unparteiisch** sein, darf also keine der Mannschaften bevorzugen, sondern muss gerecht entscheiden. Sportlich sollte er auch sein, damit er immer dahin laufen kann, wo etwas passiert.

Wenn ein Spieler gegen eine Regel verstößt, pfeift der Schiedsrichter meist ab und zeigt dann die Strafe an: durch unterschiedliche Handzeichen, manchmal auch durch eine gelbe oder rote Karte. Danach schreibt er noch den Namen und die Rückennummer des Spielers in sein Notizbuch.

Die Karten hat er übrigens erst seit 1970 in der Tasche. Damit kein Spieler mehr sagen kann, er habe eine Verwarnung nicht verstanden. Das klingt weit hergeholt? Bei der Fußball-WM 1966 ist aber genau das passiert: Da tat ein vom Platz gestellter argentinischer Spieler minutenlang so, als hätte er den deutschen Schiedsrichter nicht verstanden. Danach führte man die eindeutigen »Ampelkarten« ein.

Der Schiedsrichter bildet zusammen mit mindestens zwei Assistenten das Schiedsrichter-Team.

Die gelbe Karte bekommt ein Spieler als Verwarnung für eine nicht ganz so schlimme Regelverletzung. Wenn er im selben Spiel aber noch mal eine Regel verletzt, sieht er die gelb-rote Karte. Und das bedeutet dann: Platzverweis.

- Meckern
- Spielverzögerung
- übertriebener Torjubel
- leichteres Foul

- grobes Foul
- Beschimpfen oder Beleidigen des Schiedsrichters
- Anspucken eines anderen Spielers
- absichtliches Handspiel, das ein Tor verhindert
- zweite Verwarnung, nachdem der Spieler schon eine gelbe Karte bekommen hat

Die rote Karte bekommt man für schwerere Vergehen oder auch für das zweite »nicht so schlimme«. Die Folge: Der Spieler muss sofort den Platz verlassen. Er kann später außerdem noch für weitere Spiele gesperrt werden.

Die wohl verrückteste rote Karte verteilte der britische Amateurschiedsrichter Melvin Sylvester. Er stellte sich 1997 selbst vom Platz! Der Grund: Er hatte einen Spieler geohrfeigt, nachdem der ihn geschubst hatte.

Wieso sagt man eigentlich, wenn jemand Pech hat: »Da hast du aber die Arschkarte gezogen«? Das hat damit zu tun, wo der Schiedsrichter seine Karten aufbewahrt. Die gelbe steckt in der Brusttasche, die rote meist hinten in der Hosentasche. Und bekommt ein Spieler die »Arschkarte« gezeigt, fliegt er aus dem Spiel. Na, wenn das kein Pech ist!

Bei einem Spiel passiert eine Menge. Einer allein kann da kaum alles auf und neben dem Spielfeld im Blick behalten. Zumal ein Schiedsrichter keine Fernseh-Zeitlupe zur Verfügung hat. Darum helfen ihm in der Regel zwei Assistenten. Sie laufen an den Seitenlinien entlang und können deshalb besonders gut sehen, wenn ein Spieler im Abseits steht. Der Schiedsrichter tauscht sich in allen kniffligen Situationen mit ihnen aus, zum Beispiel wenn es um Fouls geht. In vielen Spielen tragen die Schiedsrichter und Assistenten Kopfhörer mit Mikrofon, um über Funk miteinander sprechen zu können.

Bei internationalen Spielen kümmert sich oft noch ein »Vierter Offizieller« um das Geschehen neben dem Spielfeld. Er beruhigt aufgeregte Trainer, kontrolliert die Auswechslung der Spieler und zeigt die Nachspielzeit an.

Es gehört also einiges dazu, damit ein Spiel regelgerecht und fair abläuft. Und auch wenn sich jeder mal über eine Entscheidung ärgert: Gut, dass es die Schiedsrichter gibt!

Der Italiener Pierluigi Collina war sechsmal Weltschiedsrichter des Jahres. Der bekannteste Schiedsrichter überhaupt schaffte das Kunststück, von Spielern, Trainern und Fans gleichermaßen geschätzt zu werden.

Mit verschiedenen Handzeichen zeigt der Schiedsrichter seine Entscheidungen an. Dadurch verstehen ihn alle Spieler, egal welche Sprache sie sprechen.

Was macht die Schwalbe im Fußballspiel?

Schwalbe« nennt man es, wenn ein Spieler so tut, als hätte ihn sein Gegner gefoult, und wenn er dann möglichst auffällig »hinfliegt«. Ein solcher Täuschungsversuch ist natürlich nicht erlaubt, und wenn der Schiedsrichter ihn bemerkt, bekommt der Spieler eine gelbe Karte. Aber warum spricht man ausgerechnet von der Schwalbe und nicht zum Beispiel vom Geier? Wahrscheinlich deshalb, weil Schwalben besonders dicht über dem Boden fliegen können.

Die Schwalbe ist aber beileibe nicht der einzig merkwürdige Ausdruck in der Fußballsprache. Da gibt es eine ganze Menge bildhafter Wörter. Kennt ihr zum Beispiel diese hier?

Elfmeterkiller:
ein Torwart, der sehr viele Strafstöße hält

Bananenflanke:
eine Flanke – also ein Ball, der von der Seite in den gegnerischen Strafraum geschossen wird. Wenn sich der Ball dabei um sich selbst dreht, fliegt er auf einer krummen, bananenförmigen Flugbahn.

Mauern:
sehr auf Abwehr bedacht spielen, das eigene Tor sozusagen als lebende Mauer bewachen, zum Beispiel um den Spielstand bis zum Ende des Spiels zu halten

Abstauben:
einen Ball ins Tor schießen, der durch Zufall oder durch den Fehler eines Gegners in Tornähe gekommen ist

Fahrstuhlmannschaft:
ein Team, das immer wieder zwischen zwei Spielklassen
auf- und absteigt

In die Zange nehmen:
einen Gegenspieler zu zweit oder mit noch mehr Spielern
von allen Seiten bedrängen, um ihm den Ball abzunehmen

Feuerwehrmann:
ein Trainer, der eingestellt wird, wenn eine Mannschaft
schon lange keinen Erfolg mehr hatte und gegen den
Abstieg in eine tiefere Spielklasse kämpft

Strafraumgespenst:
ein Stürmer, der das ganze Spiel über unauffällig bleibt
und dann plötzlich ein Tor schießt

Das waren bisher alles deutsche Wörter. Weil es mit dem modernen Fußball aber in England losging, haben wir auch viele englische Wörter in die Fußballsprache übernommen. Das bekannteste Wort, »Foul«, bedeutet übersetzt »schlecht, verdorben«. Auch der »Hattrick« kommt aus England: 1858 schaffte es dort ein Cricket-Spieler, drei Würfe hintereinander zu verwandeln. Als Auszeichnung für diese Leistung (»trick« bedeutet »Kunststück«) bekam er einen Hut, englisch »hat«. Heute nennen wir es »Hattrick«, wenn ein Fußballspieler direkt nacheinander drei Tore in einer Halbzeit schießt.

Wenn es um ihre Namen geht, benutzen Vereine gern auch lateinische Wörter, weil sie so eindrucksvoll klingen. Da gibt es zum Beispiel: Borussia (= Preußen) Dortmund, Alemannia (= Deutschland) Aachen, Austria (= Österreich) Wien, Viktoria (= Sieg) Berlin.

Warum heißen eigentlich die Fußballstollen an den Schuhen der Spieler so?
Das Wort »Stollen« kommt von dem mittelhochdeutschen Wort »stolle«. (Mittelhochdeutsch wurde bei uns vor etwa 1000 Jahren gesprochen.) »Stolle« ist mit »stellen« verwandt und bedeutet »etwas Aufgestelltes«, also »Pfosten«. Die Stollen stellen die Schuhe auf kleine Pfosten – ja, das passt!

Wie wird ein Fußball hergestellt?

Jedes Jahr werden Millionen neue Fußbälle gebraucht. Da könnte man meinen, dass sie von Maschinen gemacht werden. Aber tatsächlich ist das meiste daran auch heute noch Handarbeit. Und so entsteht ein Fußball:

Die meisten Fußbälle werden zurzeit noch auf diese Weise hergestellt. Aber immer öfter näht man die Panels heute nicht mehr, sondern klebt sie. Das wurde zum Beispiel beim WM-Ball »Teamgeist« von 2006 so gemacht, der nur noch aus vierzehn Teilen besteht.

Teamgeist (2006)

1. Mehrere Kunststoff- und Stoffschichten werden aufeinandergeklebt, gepresst und getrocknet. Dadurch wird der Ball sowohl sehr haltbar als auch formbar und geschmeidig.

4. Kurz vor Schluss dreht man den Ball um, sodass die Nähte innen liegen.

2. Eine Stanze stanzt Fünf- und Sechsecke aus, die »Panels«. Manche Sechsecke bekommen noch ein Loch für das Luftventil.

3. Ein Näher oder eine Näherin näht 20 Sechsecke (eins davon mit Loch) und 12 Fünfecke mit gewachstem, wasserdichtem Garn zusammen. Etwa 1000 Stiche sind dafür nötig. Ein kleines Loch muss am Ende aber offen bleiben, denn ...

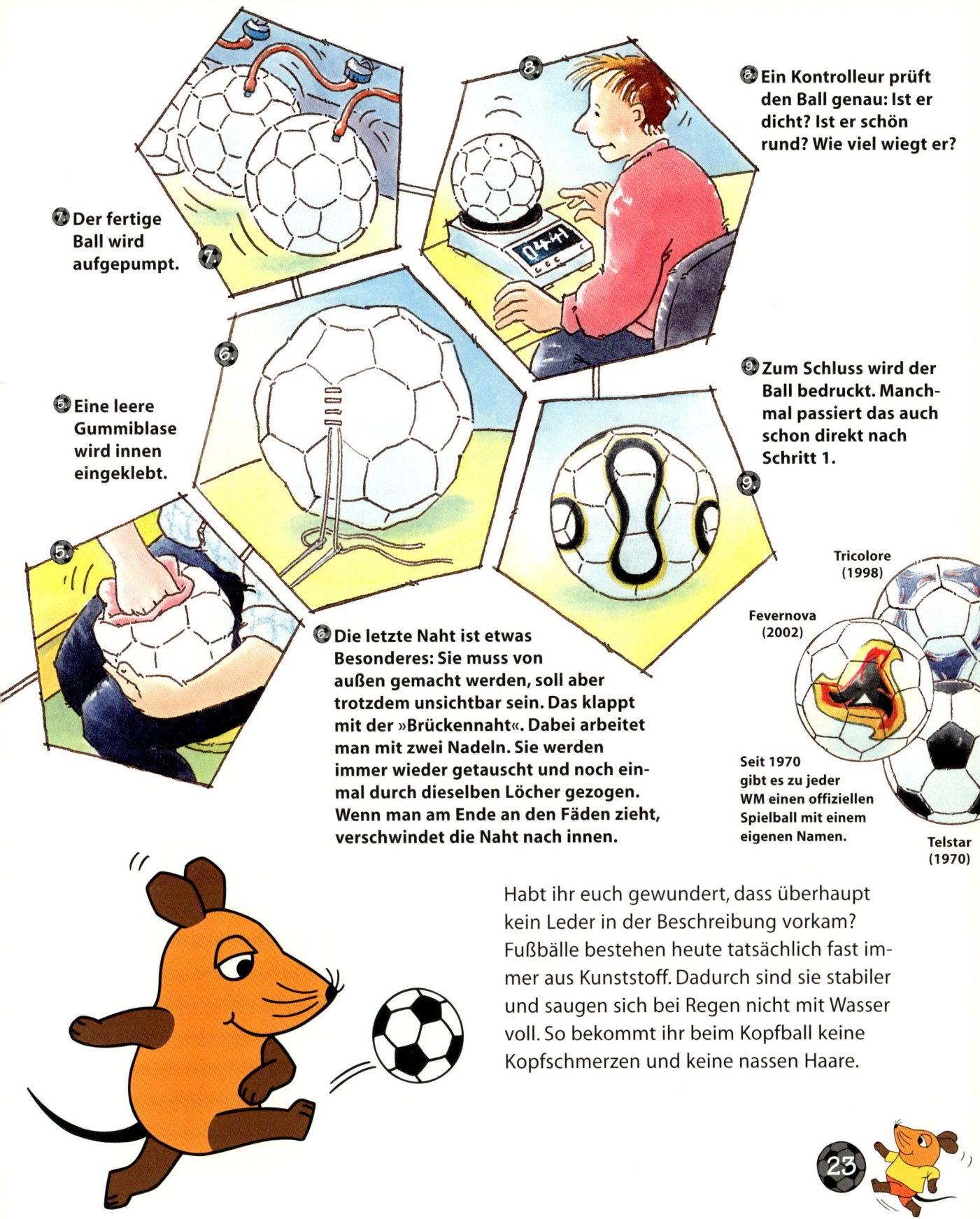

8. Ein Kontrolleur prüft den Ball genau: Ist er dicht? Ist er schön rund? Wie viel wiegt er?

7. Der fertige Ball wird aufgepumpt.

5. Eine leere Gummiblase wird innen eingeklebt.

9. Zum Schluss wird der Ball bedruckt. Manchmal passiert das auch schon direkt nach Schritt 1.

6. Die letzte Naht ist etwas Besonderes: Sie muss von außen gemacht werden, soll aber trotzdem unsichtbar sein. Das klappt mit der »Brückennaht«. Dabei arbeitet man mit zwei Nadeln. Sie werden immer wieder getauscht und noch einmal durch dieselben Löcher gezogen. Wenn man am Ende an den Fäden zieht, verschwindet die Naht nach innen.

Tricolore (1998)

Fevernova (2002)

Seit 1970 gibt es zu jeder WM einen offiziellen Spielball mit einem eigenen Namen.

Telstar (1970)

Habt ihr euch gewundert, dass überhaupt kein Leder in der Beschreibung vorkam? Fußbälle bestehen heute tatsächlich fast immer aus Kunststoff. Dadurch sind sie stabiler und saugen sich bei Regen nicht mit Wasser voll. So bekommt ihr beim Kopfball keine Kopfschmerzen und keine nassen Haare.

23

Was macht eigentlich ein Zeugwart?

Falsche Trikots, ungeputzte Schuhe: Ohne den Zeugwart sähe es in den großen Fußballvereinen schlecht aus. Denn er sorgt dafür, dass die Schuhe geputzt sind und alle ihre Trikots gewaschen und am Platz vorfinden, egal ob bei einem Heim- oder einem Auswärtsspiel. Und er ist verantwortlich für Bälle, Stutzen, Jacken ... kurz: für die gesamte Ausrüstung der Spieler.

Der Zeugwart ist wichtig, aber es gibt noch viele andere Helfer rund um eine Mannschaft. Manche von ihnen sind in der Öffentlichkeit bekannt, andere nicht. Aber alle leisten einen wichtigen Beitrag, damit sich die Spieler nur ums erfolgreiche Spielen kümmern können.

Der Platzwart ist vor allem für den Rasen zuständig. Er sorgt dafür, dass er gut gepflegt wird und kümmert sich um die Geräte und das Material dafür.

Stutzen

Schienbeinschoner

Bei großen Vereinen hat der Zeugwart manchmal noch Mitarbeiter. Auch beim Deutschen Fußball-Bund (DFB) könnte einer allein die ganze Arbeit für die verschiedenen Nationalmannschaften gar nicht bewältigen. Denn dort lagern in den Ausrüstungskellern schon allein 7000 Trikots und 5000 Hosen!

24

Der Busfahrer fährt die Mannschaft zu den Spielen und zurück. Er muss auch dann sicher fahren, wenn Fans die Straße blockieren.

Der Präsident ist der »Boss«. Mit seinen Mitarbeitern leitet er den Verein. Er sorgt zum Beispiel dafür, dass der Verein immer genug Geld zur Verfügung hat, um das Stadion instand zu halten, neue Spieler einzukaufen und den Mitarbeitern ihr Gehalt zu bezahlen. Zu diesen Mitarbeitern gehört auch der Manager. Er verhandelt vor allem mit anderen Vereinen über Spielerwechsel. Und er spricht mit der Mannschaft und dem Trainer über die Entscheidungen und Wünsche des Präsidenten und seiner Mitarbeiter – und umgekehrt.

Der Mannschaftsarzt behandelt kranke Spieler. Er ist auch der Erste, der die Spieler untersucht, wenn sie sich im Spiel verletzen. Der Physiotherapeut hingegen ist für Massagen und Krankengymnastik zuständig. Er hilft den Spielern, nach einer Verletzung wieder auf die Beine zu kommen.

Außer den Spielern steht der Trainer am meisten in der Öffentlichkeit. Er leitet allein oder mit einem Co-Trainer das Training, bestimmt die Mannschaftsaufstellung für die Spiele und legt die Strategie fest, also den Plan, wie gespielt werden soll. Er muss dafür sorgen, dass alle Spieler möglichst gut spielen und dass das Team Erfolg hat.

Bei Vereinen, die besonders erfolgreich und bekannt sind, zum Beispiel bei Nationalmannschaften, gibt es zusätzlich noch andere Helfer: Köche, Pfarrer, Pressesprecher und viele mehr. Damit ist jedenfalls eins klar: Spieler allein machen keinen Verein!

Elfmeter

»Elfmeter für die Roten! Ein klarer Fall, nachdem der blaue Verteidiger den roten Stürmer so brutal von den Beinen geholt hat. Darum murren die Blauen nicht einmal. Und da kommt auch schon der rote Torwart übers Spielfeld gelaufen. Er ist ja bekannt als guter Elfmeterschütze. Ob er den Elfer auch diesmal verwandelt?«

Eckstoß

»Das war knapp! Der rote Verteidiger hat den Ball gerade noch ins Toraus lenken können, bevor der blaue Stürmer ein Tor machen konnte. Das gibt die erste Ecke für die Blauen.«

Rot : Blau
1 : 0

Von allen Bestrafungen im Fußball bedeutet der Elfmeter die beste Chance auf ein Tor. Einen Elfmeter bekommt eine Mannschaft deshalb nur bei einem schweren Regelverstoß der anderen Mannschaft: bei einem Foul im Strafraum. Denn wenn ein Spieler einen anderen im Strafraum foult, macht er dadurch meist eine gute Torchance zunichte. Diese Chance bekommt die Elf des Gefoulten durch den Elfmeter zurück.

Wenn ein Spieler den Ball über die Toraus-linie der eigenen Mannschaft schießt, bekommen die Gegner einen Eckstoß. Das macht der Spieler meist in letzter Not, um ein Tor des Gegners zu verhindern.
Eine Ecke bedeutet für die anderen ja eine gute Torchance! Sie wird von der Eckfahne aus geschossen, und die Gegner müssen mindestens 9,15 Meter entfernt stehen.

Beim Eckstoß gibt es übrigens kein Abseits. Deshalb gilt auch ein Tor, das direkt per Eck-stoß erzielt wird.

Indirekter Freistoß

»Da, der rote Verteidiger spielt den Ball kurz vor dem Strafraum mit gestrecktem Bein! Dadurch bringt er den Stürmer der Blauen in Gefahr – das gibt natürlich einen indirekten Freistoß für die Blauen.«

Foul

»Der blaue Verteidiger trifft den Fuß seines Gegners. Mit schmerzverzerrtem Gesicht bleibt der rote Spieler liegen. Foul, entscheidet der Schiedsrichter sofort und zückt die gelbe Karte. ›Ich hab doch den Ball gespielt!‹, beschwert sich der Blaue. Doch der Schiedsrichter schüttelt den Kopf. Hoffentlich hört der Blaue jetzt auf zu meckern, sonst bekommt er auch noch die gelb-rote Karte!«

Einen indirekten Freistoß gibt der Schiedsrichter für nicht ganz so schlimme Regelverstöße, zum Beispiel bei Abseits, bei einem unerlaubten Rückpass zum Torwart oder wenn ein Spieler mit gestrecktem Bein einen Gegner in Gefahr bringt.

Beim indirekten Freistoß darf nicht direkt aufs Tor geschossen werden. Mindestens ein anderer Spieler muss vorher den Ball noch berühren – egal ob aus dem eigenen oder dem gegnerischen Team.

Tückisch für die Abwehr: Sie weiß nicht, wer am Ende aufs Tor schießt. Darum versucht sie, mehrere mögliche Schützen abzudecken.

Tatsächlich ist es nicht immer ein Foul, wenn man einen Gegenspieler trifft. Vorausgesetzt man hat ihn nicht grob getreten, kommt es auf den Ablauf an: Berührt man den Ball, bevor man den Gegenspieler trifft, ist das kein Foul. Berührt man den Ball aber erst nach dem Spieler, ist es eins!

Natürlich gilt es immer als Foul, wenn ein Spieler einen Gegner tritt, schlägt oder am Trikot zieht. Je nachdem wie schwer das Foul war und wo der Spieler es begangen hat, kann er eine gelbe oder sogar eine rote Karte bekommen. Außerdem wird der anderen Mannschaft ein Freistoß zugesprochen – und bei einem Foul im Strafraum sogar ein Elfmeter.

Was passiert bei einem Spiel?

Im Stadion ist alles bereit für das Spiel. Die Fans der beiden Mannschaften stehen oder sitzen auf den Tribünen. Viele von ihnen tragen Trikots und Schals in den Farben und mit den Zeichen ihres Lieblingsvereins. Trainer und Ersatzspieler warten auf der Auswechselbank ebenso ungeduldig auf den Anpfiff wie die Fans – und wie die Spieler auf dem Feld. Endlich, der Schiedsrichter pfeift an! Hoffentlich wird es ein schönes Spiel: mit spannenden Spielsituationen, aufregenden Toren – und wenig Fouls.

Direkter Freistoß

»Das gibt's doch nicht: Der rote Mittelfeldspieler hat seinen Gegenspieler angespuckt! Dafür gibt's nicht nur die rote Karte, sondern natürlich auch einen direkten Freistoß. Und das Tor ist gar nicht so weit entfernt...«

Abstoß

»Kurz vor Schluss noch einmal Abstoß für die Roten. Doch was ist das? Der Ball fliegt und fliegt ... bis ins Tor der Blauen! Tor!!! Und damit der Ausgleich in letzter Sekunde!«

Rot : Blau
1 : 2

Rot : Blau
2 : 2

Einen direkten Freistoß bekommt man, wenn ein Spieler der anderen Mannschaft absichtlich den Ball mit der Hand spielt oder wenn er ein »Foul mit Körperkontakt« begeht. Also wenn er einen Gegenspieler tritt, anspuckt, anrempelt, festhält oder ihm ein Bein stellt.

Beim direkten Freistoß darf man direkt aufs Tor schießen. Die Spieler der gegnerischen Mannschaft stellen sich dann in den Weg, indem sie eine Mauer bilden. Sie müssen dabei jedoch mindestens 9,15 Meter vom Ball entfernt sein, damit der Freistoß-Schütze genug Platz zum Schießen hat.

Einen Abstoß aus dem Torraum bekommt eine Mannschaft, wenn ein Gegner den Ball über die Torauslinie schießt.
Meistens führt der Torwart den Abstoß aus.

Ein Tor ist es nur dann, wenn der Ball die Torlinie komplett überschritten hat. Dies hier ist also...? Genau, kein Tor!

Handspiel

»Aufruhr im Strafraum der Roten! Die Blauen zeigen mit wilden Gesten an, dass der rote Verteidiger den Ball mit der Hand abgewehrt haben soll. Und was meint der Schiedsrichter? Er zeigt dem Verteidiger Rot und deutet auf den Punkt: Elfmeter für die Blauen!«

Einwurf

»Schon der achte Einwurf für die Blauen. Ob sich diesmal endlich eine Torchance daraus ergibt? Weit werfen kann der blaue Mittelfeldspieler ja ...«

Rot : Blau
1 : 1

Nur der Torwart darf den Ball mit der Hand berühren, und das nur im Torraum. Wenn ein Feldspieler den Ball mit der Hand oder auch mit dem Arm spielt, ist das Handspiel.

Es kommt aber auch darauf an, ob er das absichtlich gemacht hat oder ob ihm der Ball an die Hand gesprungen ist. Für absichtliches Handspiel gibt es einen Freistoß – im Strafraum: einen Elfmeter – und manchmal zusätzlich eine gelbe Karte. Sogar eine rote Karte ist möglich, und zwar dann, wenn man mit der Hand ein Tor der gegnerischen Mannschaft verhindert.

Spielt ein Spieler den Ball über die Seitenauslinie, gibt es Einwurf für den Gegner. Der Einwurf muss an derselben Stelle ausgeführt werden, an der der Ball ins Aus gegangen ist. Der einwerfende Spieler muss dabei den Ball mit beiden Händen über den Kopf führen. Beim Einwurf gibt es übrigens kein Abseits!

Wie kommen die Streifen auf den Rasen?

Wenn man ein Fußballfeld von oben sieht – zum Beispiel im Fernsehen –, fallen sie sofort ins Auge: die hell- und dunkelgrünen Streifen. Wie sie entstehen, das könnt ihr ganz einfach selbst herausfinden:

Rollt mit einer Teigrolle mehrmals in einer Richtung über das Gras auf einem Stück Rasen. Ihr könnt auch mit den Händen fest darüberstreichen. Schaut euch dann das platt gedrückte Gras aus verschiedenen Richtungen an. Wenn ihr in »Streichrichtung« schaut, wirkt es heller und glänzender, weil ihr dann vor allem die Oberseiten der Halme seht, die das Licht spiegeln.

Die Oberflächen der Halme glänzen hell im Licht. Wenn man mehr von den Rückseiten sieht, wirkt der Rasen dunkler.

Gegen die Streichrichtung erscheint das Gras hingegen dunkler.

Rollrasen wird in langen Streifen »geerntet« und wie ein Teppich aufgerollt. Nach dem Ausrollen wächst er in etwa sechs Wochen an. Normal ausgesäter Rasen braucht dagegen ungefähr sechs Monate – viel zu lang für einen Fußballverein!

Genau dasselbe passiert bei den großen Rasenmähern, die man im Stadion einsetzt. Sie haben Rollen, die das Gras beim Mähen in Fahrtrichtung niederdrücken. Die Streifen entstehen dadurch, dass die Mäher hin- und herfahren. Mittlerweile nutzen Schiedsrichter und Reporter die Streifen sogar, um Entfernungen auf dem Spielfeld einzuschätzen und Abseits leichter zu erkennen. Deshalb möchte man sie schön gerade haben. Das erreicht man, indem man mit den Mähern an gespannten Schnüren entlangfährt.

Der Rasen ist sehr wichtig im Fußball. Ist er nicht widerstandsfähig genug, machen ihn die Stollen an den Fußballschuhen schnell kaputt. Wird er bei Regen glitschig, rutschen die Spieler aus. Deshalb werden ständig Versuche mit verschiedenen Grassorten gemacht, um noch besseres »Fußballgras« zu bekommen. Und deshalb pflegt der Platzwart den Rasen auch immerzu, damit er gut bespielbar bleibt.

Vor dem Spiel fährt der Platzwart mit einem Wägelchen über den Rasen, aus dem ein Kreide-Gemisch oder Farbe gesprüht wird. Den Mittelkreis bekommt er übrigens mit einem Trick hin: Er nimmt einen Stock und eine Schnur – und verwendet sie wie einen Riesenzirkel.

Aber das wird immer schwieriger. Denn die Tribünen werden heute höher gebaut, und viele Stadien haben Dächer. Dadurch bekommt der Rasen zu wenig Licht und geht ein. Aber es gibt einige pfiffige Ideen, was man dagegen tun kann. Bei Schalke zum Beispiel fährt der Rasen auf einer »Schublade« nach draußen. Eine andere Lösung könnten lichtdurchlässige Dächer oder Kunstrasen sein. Aber welche Lösung die beste ist, darüber ist man sich noch nicht einig.

Damit der Rasen genug Licht bekommt, wird er bei Schalke 04 auf einer riesigen Schublade aus dem Stadion gefahren. Das dauert etwa zehn Stunden – in jede Richtung.

33

Wie kann man die Ballkontakte eines Spielers zählen?

Im Fernsehen erfahren wir bei fast jedem Spiel, wie viele Zweikämpfe ein Spieler gewinnt, welche Mannschaft öfter in Ballbesitz ist, wer wie oft aufs Tor schießt und vieles mehr. Da soll man doch meinen, dass jede Menge Technik nötig ist, um all diese Zahlen zu bekommen.

Aber nein: Hier messen keine ausgefeilten elektronischen Geräte, sondern Menschen!

»Scouts« oder »Scouter« werden sie genannt, das bedeutet »Kundschafter, Späher«. Bei jedem Spiel sitzen mehrere von ihnen im Stadion. Jeder hat dabei eine andere Aufgabe: Der eine zählt Eck- und Freistöße, ein anderer Zweikämpfe. Ein dritter stoppt die Zeit, die jede Mannschaft in Ballbesitz ist. Ein vierter misst mit einer Stoppuhr die Laufzeiten von Spieler X, ein fünfter die von Spieler Y – und so weiter.

Die Scouts geben alles, was sie zählen und messen, sofort an eine große Datenbank weiter.

Zur WM 2006 sollte eigentlich ein Mikrochip in den Bällen eingesetzt werden. Dieses kleine Plättchen sollte elektronisch messen, ob ein Ball die Torlinie überschritten hat oder nicht. Aber dazu kam es dann doch nicht, weil der Chip nicht zuverlässig funktionierte.

All diese Daten werden sofort in einen Computer eingegeben und in einer großen Datenbank gesammelt. Dort schauen die Reporter nach, wenn sie uns mit Zahlen rund ums Spiel versorgen wollen.

Solche Statistiken über gewonnene Zweikämpfe, Ballbesitz einer Mannschaft oder Ballkontakte eines Spielers waren jahrelang in der Fußball-Berichterstattung sehr beliebt. Inzwischen werden sie jedoch nicht mehr so oft gezeigt, obwohl viele Fans diese Zahlen spannend finden. Denn man kann damit zwar schnell einiges über ein Spiel zusammen-

fassen – aber es gibt auch ein Problem: Für einen wirklich guten Überblick über ein Spiel oder die Leistung eines Spielers müsste man sehr viele verschiedene Zahlen betrachten. Das ist jedoch zeitaufwendig und auch nicht besonders spannend. Deshalb werden in Berichten meist nur wenige Zahlen genannt, die dann ein ungenaues und manchmal sogar ein falsches Bild von einem Spiel oder der Leistung eines Spielers vermitteln.

Ein Stürmer schießt in einem Spiel vielleicht kein Tor, beschäftigt aber ständig drei Abwehrspieler, wodurch seine Mitspieler wiederum zu mehr Torchancen kommen. Hat er dann schlecht gespielt? Sicher nicht – doch wenn man nur die Tore zählt, sieht es so aus.

Auf Zahlen rund um den Fußball will wohl trotzdem niemand verzichten. Das muss ja auch nicht sein. Aber ebenso spannend wie die Zahlen selbst ist es, darüber nachzudenken, was man aus ihnen herauslesen kann – und was nicht.

Wie kommt ein Fußballspiel ins Fernsehen?

Damit wir ein Fußballspiel gemütlich vom Sofa aus im Fernseher sehen können, muss das Fernsehbild erst einmal hergestellt werden. Anschließend reist es dann noch über mehrere Stationen zu uns. Verfolgen wir diese Reise einmal Schritt für Schritt:

Wir beginnen auf dem Spielfeld. Dort sind bei einem wichtigen Spiel mehr als zwanzig Kameras aufgestellt. Schließlich wollen die Zuschauer kein Tor, keinen Elfmeter oder etwas anderes Wichtiges verpassen. Außerdem wollen sie dabei sein, wenn der Trainer sich aufregt oder wenn zwei Spieler sich nach einem Tor umarmen oder...

Für all das braucht man Kameras, die jeden Winkel des Platzes abdecken. Außerdem wird eine Kamera am Strafraum eingesetzt, mit der Spezialaufgabe, Abseitspositionen zu erkennen. Mindestens eine Kamera zeigt das Spielfeld von oben. Und dann gibt es noch die Hintertorkamera, eine eigene Kamera für besonders wichtige Spieler, Slow-Motion-Kameras für die Zeitlupen und noch einige mehr.

Noch bei der WM 1974 wurden die Fußballspiele mit nur fünf Kameras übertragen. Heute sind es mindestens zwanzig.

Vom Spielfeld folgen wir den Kamerabildern in den Ü-Wagen, den Übertragungswagen. Jede der Kameras schickt ihre Bilder hierhin, und zwar auf einen eigenen Bildschirm. Davor sitzt der Regisseur und wählt die Bilder aus, die gesendet werden sollen. Der Bildmischer stellt aus allen Quellen dann die endgültigen Bilder zusammen, die auf unseren Fernsehern zu sehen sein werden. Vom Ü-Wagen werden die Bilder dann über eine Leitung zur Sendezentrale geschickt.

Jetzt kann das Bild den letzten Abschnitt seiner Reise zu unseren Fernsehapparaten antreten. Sein Transportmittel ist ein sehr modernes: Es reist durch ein Glasfaserkabel oder auch – per Satellit – durch den Weltraum. Bis zu unserem Antennenkabel oder unserer Satellitenschüssel, die das Bild dann auf unseren Fernseher leiten.

Die Bilder jeder Kamera erscheinen im Ü-Wagen auf einem eigenen Bildschirm.

Vom Stadion zum Ü-Wagen zur Sendezentrale zum Satelliten – und dann endlich auf unseren Fernseher.

Hier endet die abenteuerliche Reise des Fernsehbilds. Aber für uns Zuschauer, die wir das Fußballspiel gespannt erwarten, fängt das Abenteuer jetzt erst richtig an!

Wie wird man Fußballer?

Darauf gibt es viele Antworten, denn viele Wege können zum guten Spieler oder gar zum Profifußballer führen. Am Anfang steht der Spaß am Fußball, und gespielt wird, wo immer es geht. Das muss nicht unbedingt ein Fußballplatz sein. Gekickt wird zum Beispiel auch auf dem Schulhof, auf der Wiese, am Strand – und manchmal auch auf der Straße oder sogar in der Wüste.

Manche möchten immer besser spielen lernen und eines Tages vielleicht sogar mit dem Fußballspielen Geld verdienen.

Das ist vor allem für Kinder in armen Ländern ein wichtiger Grund, am Ball zu bleiben. Allerdings ist es für sie besonders schwierig, weil es in diesen Ländern kaum Geld für Training und Ausrüstung für Nachwuchsspieler gibt. Manchmal kommen aber Spenden für Trikots, Bälle und Trainer zum Beispiel von den Kirchen. Oder von Spielern, die aus dem Land stammen und mittlerweile viel Geld verdienen.

In Europa sieht es da viel besser aus. In den Ländern, in denen Fußball ein beliebter Sport ist, hat fast jede Stadt mindestens einen Verein mit Kinder- und Jugendmannschaften.

Nach offiziellen Angaben gibt es in Angola und Togo nur 3 Fußballspieler auf 1000 Einwohner, in Deutschland hingegen 76 und in Kroatien sogar 152. Aber die Zahlen täuschen: Gerade in Afrika spielt fast jedes Kind Fußball. Die meisten sind nur nicht offiziell in Vereinen angemeldet.

Manche Länder, in denen es den Kindern besonders schlecht geht, bekommen Fußballförderung aus dem Ausland. Man hofft, dass den Kindern der gemeinsame Sport dabei hilft, mit Krankheit, Krieg und Armut in ihrem Land besser fertig zu werden.

Bis zur C-Jugend können Mädchen in Deutschland noch in Jungenmannschaften mitspielen – in der Schweiz ist das auch noch mit 16 Jahren möglich.

Auch die großen Fußballverbände der einzelnen Länder fördern den Fußballnachwuchs in ihren Leistungszentren. Und wer vor allem in den Ferien intensiv trainieren möchte, kann eins der vielen Fußballcamps besuchen.

Es gibt sogar Fußballinternate, in denen neben den normalen Schulfächern ganz viel Fußball auf dem Stundenplan steht.

Aber man muss dort meist auch wohnen und sieht seine Familie dann nur am Wochenende oder in den Ferien. Außerdem kostet es sehr viel Geld, ein solches Internat zu besuchen.

Aber das ist ja auch nur einer der möglichen Wege zum guten Fußballer. Mit Talent, viel Übung und Hartnäckigkeit kann man es auf fast jedem Weg schaffen.

Bambini: bis 6 Jahre   **F-Jugend:** 6–8 Jahre   **E-Jugend:** 8–10 Jahre   **D-Jugend:** 10–12 Jahre   **C-Jugend:** 12–14 Jahre   **B-Jugend:** 14–16 Jahre   **A-Jugend:** 16–18 Jahre

Je nach Alter spielen Kinder und Jugendliche in verschiedenen Spielklassen.

Wie kann man einen Fußball um die Mauer schießen?

Wenn man mit dem Fußballspielen anfängt, kann man sich kaum vorstellen, wie es möglich sein soll, einen Ball um eine Mauer aus Spielern zu schießen. Aber genauso wenig versteht man als Anfänger, wie jemand gezielt geradeaus schießen kann ... Denn bei beidem geht es um Ballkontrolle, und das erfordert vor allem eins: viel Übung.

Das sind wichtige Techniken. Doch echte Könner beherrschen noch ganz andere Tricks und setzen sie im richtigen Moment ein.

Wer richtig trainieren möchte, sollte wissen, wie der Ball auf die verschiedenen Schusstechniken reagiert:

● **Mit dem Außenrist kann man dem Ball eine Drehung geben, sodass er in einem Bogen fliegt.**

● **Wenn der Ball mit dem Vollspann, dem Fußrücken, getroffen wird, fliegt er fest und gerade.**

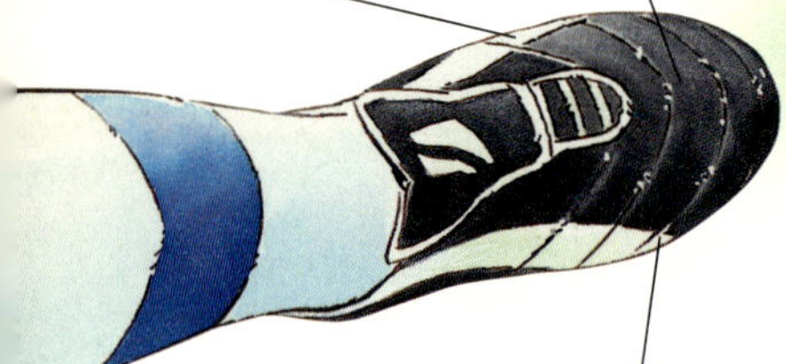

● **Wird der Ball ganz gerade mit dem Innenspann getroffen, fliegt er hoch und weit. Schneidet man den Ball mit dem Innenspann an, fliegt er in einem Bogen.**

Manchmal ist ein Kopfball die einzige Chance, um eine Abwehr zu überwinden. Dabei kommt es vor allem auf das richtige Timing an, das heißt: auf die genaue zeitliche Abstimmung. Denn man muss so losspringen, dass man den Ball genau dann mit der Stirn trifft, wenn man ganz oben in der Luft ist.

So fliegt der Ball um die Mauer:
Mit dem Außenrist des linken Fußes tritt der Spieler gefühlvoll gegen den Ball. Der Ball beginnt, sich dadurch mit fast 100 km/h gegen den Uhrzeigersinn zu drehen.

Ein gerade fliegender Ball: Die Luft strömt auf beiden Seiten gleich schnell am Ball vorbei.

Durch die Drehbewegung strömt die Luft links schneller als rechts. Der Ball wird abgelenkt.

Wenn der Ball durch die Luft fliegt und sich dabei gleichzeitig um sich selbst dreht, passiert das, was Wissenschaftler den »Magnus-Effekt« nennen, weil der Physiker Heinrich Gustav Magnus ihn entdeckt hat.

Bei der Bananenflanke fliegt der Ball in einem Bogen. Dazu wird er mit dem Innenspann angeschnitten, wobei der Fuß sozusagen über den Ball rutscht. Das ist besonders tückisch für die Abwehr und den Torwart, weil ein krumm fliegender Ball viel schwerer einzuschätzen ist als ein gerader. Und da nützt auch eine gut aufgestellte Mauer oft nichts.

Der Fallrückzieher ist das richtige Mittel für einen Stürmer, wenn er eigentlich in einer unmöglichen Position steht: mit dem Rücken zum Tor. Dabei spielt er den Ball im Fallen mit dem Spann, der Fußvorderseite, über den Kopf. Er muss ihn aber nicht nur im richtigen Moment treffen, sondern darf auch seine Nebenspieler nicht gefährden. Sonst wird er verwarnt.

Beim Drehen reißt der Ball Luft mit. Auf der einen Seite dreht sich die mitgerissene Luft mit der Luftströmung. Dadurch fließt die Luft nahe am Ball schneller. Auf der anderen Seite passiert genau das Gegenteil: Die mitgerissene Luft stößt auf die entgegenkommende Luft und bremst sie ab. Der Ball wird weggedrückt und verändert seine Bahn.

So kommt es, dass der Ball im Bogen um die Mauer herumfliegt.

Wie trainieren Profis?

Profifußballer müssen ganz verschiedene Dinge können. Vor allem brauchen sie Fitness, Ballfertigkeit, taktisches Geschick und gutes Teamverhalten. Aber auch der Umgang mit Fans, Reportern und Kritikern will gelernt sein.

Fangen wir mit der Fitness an. Weil ein Fußballprofi nicht nur kräftig sein muss, sondern auch ausdauernd und beweglich, braucht er ein vielseitiges Training. Die Muskelkraft bekommt er im Fitnessraum, zum Beispiel beim Gewichteheben. Die Ausdauer trainiert er durch Laufen. Und die Beweglichkeit, die er braucht, um gegnerischen Spielern auszuweichen, kann er zum Beispiel beim Fußballspielen auf Sand verbessern.

Um fit zu bleiben, muss unser Fußballprofi sich auch richtig ernähren. Das bedeutet vor allem: viel Flüssigkeit, weil er viel schwitzt. Und viel Brot, Nudeln und Reis. Darin sind nämlich Kohlenhydrate, und die bringen Energie für eine längere Zeit – auch für ein ganzes Spiel.

Dass ein Profi sicher am Ball sein muss, versteht sich von selbst. Den Ball sicher annehmen mit Fuß, Brust und Kopf, ihn beim Laufen eng am Fuß führen, schießen aus jeder Lage und in jede Richtung: All das muss er beherrschen.

Besonders wichtig ist für Profi-Mannschaften darüber hinaus das taktische Training. Denn dabei geht es nicht nur um den Einzelnen, sondern um das Zusammenspiel aller Spieler und Mannschaftsteile: Abwehr, Mittelfeld und Sturm.

Und als wäre das nicht schon schwierig genug zu überblicken, muss ein guter Fußballspieler zusätzlich zur eigenen Mannschaft auch noch das gegnerische Team genau kennen.

Einige Fußballvereine verwenden LPM, ein Positionsmesssystem. Damit kann man zum Beispiel die Laufwege und das Zweikampfverhalten zusammen mit der Herzfrequenz eines Spielers messen und dreidimensional, also räumlich, darstellen. Die Auswertung der Daten soll helfen, die Trainingspläne besser auf die einzelnen Spieler und das gesamte Team zuzuschneiden.

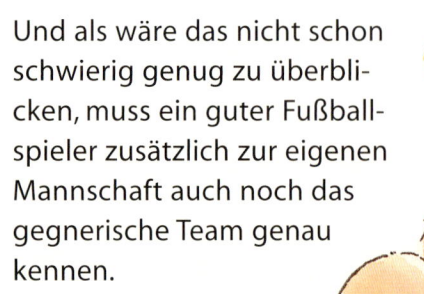

All das macht den Fußballspieler fit für das Spiel. Doch ein Profi hat auch nach dem Spiel noch lange nicht frei. Er muss Autogramme und Interviews geben. Und er muss damit zurechtkommen, wenn sein Spiel in der Zeitung oder im Fernsehen schlecht bewertet wird.

Während des Spiels steht der Trainer zwar am Spielfeldrand, aber er hat trotzdem viel zu tun. Denn er muss die Taktik immer wieder dem Spielverlauf anpassen. Auch wenn Spieler verletzt sind oder durch rote Karten ausfallen oder wenn die Gegner anders spielen als erwartet, muss der Trainer seine Spieler darauf einstellen.

Um sich auf jeden Gegner und jede Spielsituation einstellen zu können, üben die Spieler deshalb nach den Vorgaben ihres Trainers verschiedene Spielzüge und auch Situationen, die immer wieder vorkommen, zum Beispiel Freistöße und Eckbälle.

Fußballprofis müssen auch lernen, wie sie sich anderen Spielern, Fans und Reportern gegenüber richtig verhalten.

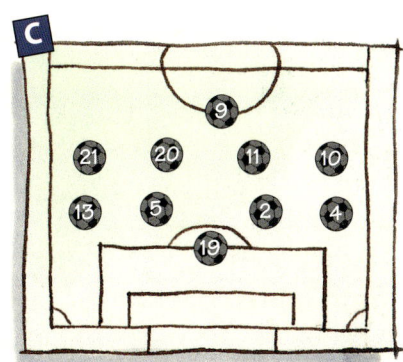

Das Spielsystem legt fest, wer sich wo auf dem Platz aufhält. Alle Spieler außer dem Torwart werden durch Zahlen angegeben.

A Bei »4-4-2« gibt es vier Verteidiger, vier Mittelfeldspieler und zwei Stürmer.

B »4-3-3« hat einen Stürmer mehr, ist also offensiver, das heißt: mehr auf Angriff ausgerichtet.

C Ein defensiveres, eher auf Verteidigung ausgerichtetes System ist zum Beispiel »5-4-1«.

Warum tauschen die Spieler nach dem Spiel ihre Trikots?

Das Tauschen des Trikots mit dem Gegenspieler ist im Fußball zu einer feierlichen Handlung geworden, die große Bedeutung hat. Mit dem Trikottausch nach dem Spiel sagt man dem Gegner ohne Worte: »Das war ein guter Kampf. Ich habe Respekt vor dir und deiner Leistung.«

Manchmal will ein Verein den Trikottausch einschränken, weil ihm die vielen verschenkten Trikots zu teuer sind. Dann ist aber jedes Mal die Empörung riesengroß. Um das zu verstehen, muss man sich den Profifußball genauer ansehen.

Je größer die Vereine und je teurer die Spieler, desto wichtiger ist das Gewinnen. Denn im Profifußball geht es nicht nur um die Freude am Sport, sondern auch um sehr viel Geld. Ein einziges Tor in einem wichtigen Spiel kann da entscheiden, ob ein Verein seine hohen Kosten decken kann – oder ob er in Geldnöte kommt.

Denn wenn es einem Verein zum Beispiel gelingt, an einem internationalen Wettbewerb teilzunehmen, bekommt er viel Geld für die Eintrittskarten und die Fernsehübertragungen. Doch dafür muss er die entscheidenden Spiele gewinnen, die ihn in den Wettbewerb bringen. Und wenn das Gewinnen so wichtig ist, bleibt die Fairness manchmal auf der Strecke.

Fairness ist beim Sport aber eine wichtige Sache. Fairness bedeutet, sich anständig gegenüber anderen Sportlern und Mitspielern zu verhalten – auch wenn man dadurch vielleicht mal einen Zweikampf verliert oder sogar eine Torchance aufgibt.

Denn wer fair spielt, dem ist es nicht egal, was mit den anderen Spielern passiert. Man möchte schließlich auch nicht, dass es den anderen egal ist, ob sie einen verletzen.

Dadurch dass die Profifußballer nach dem Spiel die Trikots tauschen, werden sie daran erinnert, dass der Gegner fair und respektvoll behandelt werden muss. Es gibt auch noch andere Gesten im Fußball, die denselben Sinn haben, zum Beispiel das Händeschütteln der Mannschaftskapitäne vor dem Anpfiff. Denn wer seinem Gegner gerade noch die Hand gegeben hat, dem fällt es schwerer, ihm kurz darauf ein Bein zu stellen.

Die FIFA vergibt bei jeder Weltmeisterschaft einen Fairplay-Pokal an die fairste Mannschaft. Um sie zu ermitteln, wird gezählt, wer die wenigsten gelben und roten Karten bekommen hat. Zusätzlich achtet man auf faire Gesten am Rand der Spiele.

Die Stürmerin läuft allein auf das Tor zu. Da rutscht die Torhüterin aus und bleibt verletzt liegen. Die Stürmerin verzichtet auf ein Tor, spielt den Ball ins Seitenaus und kümmert sich um die Torhüterin. Für diese faire Aktion ist Miriam Bollmann vom TuS Tengern bei der DFB-Aktion »Fair ist mehr« 2006 ausgezeichnet worden.

Was bedeuten die Spieler-Nummern?

Als die Rückennummern 1939 eingeführt wurden, hatten sie eine klare Bedeutung: Sie zeigten an, auf welcher Position ein Spieler spielte. Das bestimmende Spielsystem war damals »2-3-5«. Der Torwart bekam die 1, und die zwei Verteidiger, drei Mittelfeldspieler und fünf Stürmer (2-3-5) wurden jeweils von rechts nach links durchnummeriert.

Aber die Spielsysteme haben sich verändert, und heute sagen die Spieler-Nummern fast nichts mehr über die Position aus.

Nur der Torwart spielt meist immer noch mit der 1 und der Mittelstürmer oder der Spielmacher, der den Überblick hat und seine Mitspieler am besten ins Spiel bringt, mit der 10.

Die Nummern haben inzwischen eine lange Geschichte – und eine neue Bedeutung. Denn wir verbinden heute mit einzelnen Nummern bestimmte Spieler. Die 10 haben beispielsweise Stars wie Pelé, Maradona und Ronaldinho getragen. Junge Mittelstürmer möchten sie deshalb oft ebenfalls gern auf dem Trikot haben.

Viele Spieler glauben auch, dass ihnen eine bestimmte Nummer Glück bringt. So suchen sie sich zum Beispiel die Nummer eines Vorbilds aus. Oder den Hochzeitstag. Oder eine Nummer, die mit ihrem Geburtstag, ihrer Größe oder ihrem Gewicht zu tun hat.

Manche Nummern werden gesperrt, nachdem ein berühmter Spieler sie getragen hat. Beim AC Mailand zum Beispiel soll es nach Paolo Maldini nie mehr einen Spieler mit der Nummer 3 geben. Und gleich mehrere Vereine vergeben die Nummer 12 grundsätzlich nicht. Warum ausgerechnet die 12? Weil sie für den »zwölften Mann« steht – die Fans!

46

Ronaldinho   Zinédine Zidane   Michel Platini   Günther Netzer

Die Nummer 10 ist das Markenzeichen vieler berühmter Stürmer und Spielmacher.

Beim Franzosen Bixente Lizarazu passte seine Nummer bei Bayern München, die 69, sogar zu allen dreien: Er wurde 1969 geboren, ist 1,69 Meter groß und wiegt um die 69 Kilo.

In der Bundesliga war Lizarazus 69 übrigens die höchste Nummer, die es je gab. Für die Zukunft möchte die Liga, dass keine so hohen Nummern mehr vergeben werden, damit es auf dem Spielfeld übersichtlicher wird. Doch darüber wird noch heftig gestritten. Denn die Spieler-Nummern sind eben nicht einfach nur Zahlen, sondern haben eine Bedeutung – wenn auch eine andere als früher.

Bixente Lizarazu (rechts)

An ihren Rückennummern kann man die Spieler heute auch aus großer Entfernung gut erkennen. Bevor sie eingeführt wurden, gab es zwischen Schiedsrichter und Assistenten hingegen sicher viele Gespräche wie dieses: »Welcher hat denn gefoult?« – »Der Blonde.« – »Der mit den O-Beinen?« – »Nein, der Kleinere.« – »Ach, der Meier?« – »Nee ...«

Wer ist der beste Fußballer aller Zeiten?

Diese Frage kann man nicht mit einem einzigen Namen beantworten. Schließlich haben Spieler ganz unterschiedliche Aufgaben: Ein guter Stürmer schießt viele Tore – ein guter Verteidiger hingegen verhindert welche.

Trotzdem: Wenn es um den besten Fußballspieler aller Zeiten geht, wird der Stürmer Pelé am häufigsten genannt. Dabei liegt seine aktive Zeit schon mehr als dreißig Jahre zurück! Pelé hält viele Rekorde. So schoss er die meisten Tore für einen Verein: Für den FC Santos erzielte er 1088 Treffer in 1114 Spielen. Er wurde außerdem als einziger Spieler dreimal Weltmeister. 1999 ist er zum Weltfußballer und zum Sportler des Jahrhunderts gewählt worden. Wenn man die Frage also unbedingt mit einem einzigen Namen beantworten will, dann muss er wohl lauten: Pelé!

Es gibt noch viele weitere Spieler, die jeder kennt, auch wenn sie schon seit Jahren oder Jahrzehnten nicht mehr aktiv sind. Sie haben besonders aufsehenerregend und erfolgreich gespielt und oft auch Rekorde aufgestellt:

Der jüngste WM-Spieler aller Zeiten war Diego Maradona: Er war gerade mal 16, als er 1978 bei der WM in Argentinien eingesetzt wurde.

Diego Maradona hält auch einen besonders ungewöhnlichen Rekord: Die meisten Lieder über einen Fußballspieler, mehr als 30, sind über ihn geschrieben worden.

In Südamerika tragen viele Fußballer Spitznamen. Auch Pelé heißt eigentlich anders: Edson Arantes do Nascimento.

Franz Beckenbauer

Lothar Matthäus

Der auch international bekannteste Fußballer Deutschlands ist Franz Beckenbauer. Er war zudem der Erste, der als Spieler und auch als Trainer Weltmeister wurde (1974 und 1990).

Der Brasilianer Mario Zagallo hat als einziger Mensch fünfmal an einem WM-Finale teilgenommen: Zweimal war er als Spieler dabei, dreimal als Trainer. Und viermal davon hat er gewonnen!

Die meisten WM-Einsätze als Spieler hatte Lothar Matthäus: 25. Er nahm an insgesamt fünf Weltmeisterschaften teil.

Der erfolgreichste Stürmer in der Bundesliga war Gerd Müller: Er schoss 365 Bundesligatore. Bei den besten WM-Torschützen steht er mit 14 Treffern immer noch an zweiter Stelle – der Brasilianer Ronaldo hat einmal mehr getroffen.

Mario Zagallo

Gerd Müller

Warum spucken Fußballer so oft auf den Rasen?

Als Erstes denkt man wohl, dass viele Fußballer einfach schlechte Manieren haben. Zumal es sie offenbar nicht einmal kümmert, wenn jeder sie im Fernsehen in Großaufnahme spucken sieht. Aber das viele Spucken hat in Wirklichkeit medizinische Gründe.

Sehen wir uns mal an, was im Körper eines Fußballspielers während des Spiels so passiert:

1 Der Spieler bewegt sich viel, er läuft und schießt. Durch die Anstrengung wird sein Atem immer schneller.

2 Bald reicht es ihm nicht mehr aus, durch die Nase zu atmen. Er öffnet den Mund, um mehr Luft zu bekommen.

3 Dadurch dass jetzt viel Luft schnell durch den Mund strömt, wird der Mundschleimhaut Feuchtigkeit entzogen. Durch die fehlende Feuchtigkeit wird der Schleim im Mund dickflüssiger. Das fühlt sich unangenehm an. Und Wasser aus der Flasche gibt's erst wieder in der Halbzeit...

4 Der Schleim ist inzwischen so zäh, dass der Spieler das Bedürfnis, ihn auszuspucken, nicht länger unterdrücken kann. Und so tut er es eben: Er spuckt auf den Rasen.

Manchmal ist Spucken aber doch ganz klar ein Zeichen von schlechten Manieren oder Unbeherrschtheit: Dann nämlich, wenn man einen anderen Spieler anspuckt. So hat es der Niederländer Frank Rijkaard mit Rudi Völler im Achtelfinale der WM 1990 gemacht. Zu allem Überfluss hatte der Schiedsrichter das nicht richtig gesehen und stellte beide Spieler vom Platz.

Körperlich hat ein Fußballspieler aber noch ganz andere Dinge zu bewältigen. Weil im Fußball viel gelaufen und geschossen wird, muss er kräftige Oberschenkel- und Wadenmuskeln aufbauen. Auch seine Bauch- und Rückenmuskeln sollte er gut trainieren. Schließlich müssen sie ihn stützen, wenn er sich schnell in verschiedene Richtungen bewegt, zum Beispiel beim Zweikampf. Ohne stützende Muskeln wäre dabei die Gefahr groß, dass die Wirbelsäule verletzt wird.

Aber Verletzungen lassen sich nicht immer vermeiden. Bei aller Vorsicht ist und bleibt Fußball eine Kontaktsportart, bei der man in den Zweikämpfen körperlichen Kontakt zum Gegenspieler hat. Gutes Training kann jedoch gezielt die wichtigsten Muskeln stärken und so das Verletzungsrisiko deutlich verringern.

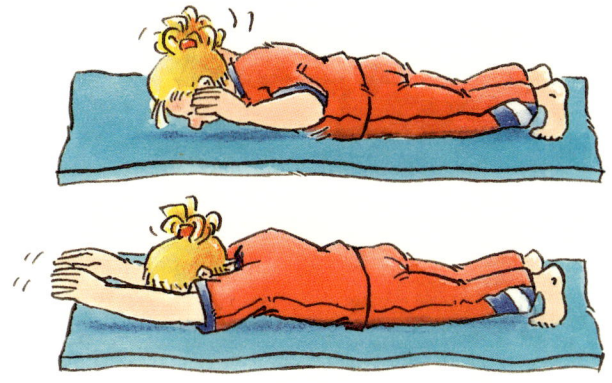

So kann man zum Beispiel die Bauchmuskeln (oben) und die Rückenmuskeln (unten) stärken.

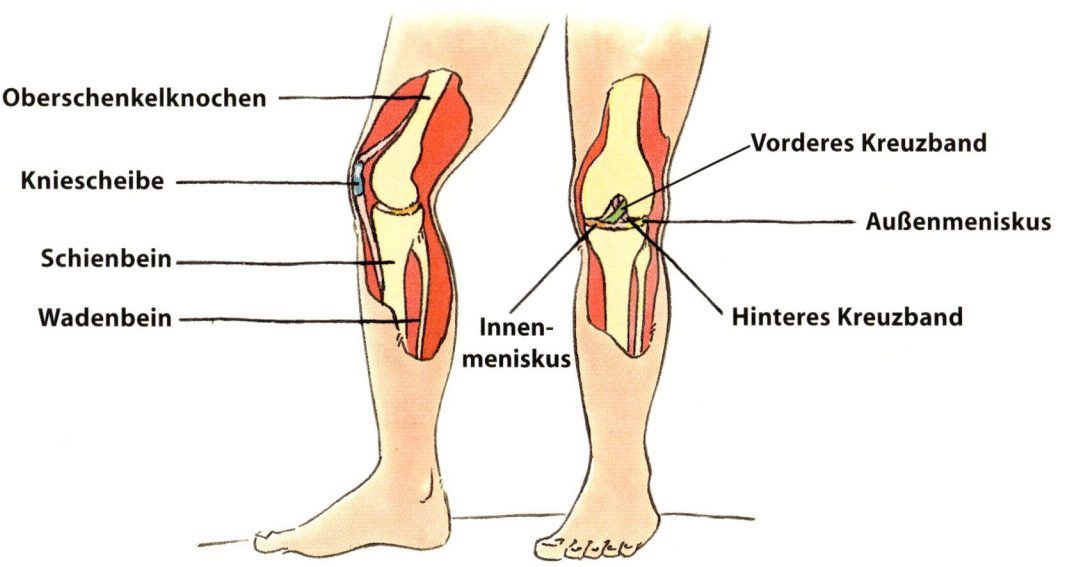

Oberschenkelknochen

Kniescheibe

Schienbein

Wadenbein

Innenmeniskus

Vorderes Kreuzband

Außenmeniskus

Hinteres Kreuzband

Ein Drittel aller Verletzungen beim Fußball betreffen das Kniegelenk und die Unterschenkel.

Wie viele Kilometer läuft ein Spieler pro Spiel?

13-mal war der Brasilianer Romario Torschützenkönig. Niemand schaffte das öfter.

Heute sind das im Durchschnitt etwa 10 Kilometer. Außer für den Torwart, versteht sich. Der schafft aber immerhin bis zu 4 Kilometer – und damit genauso viel wie ein guter Stürmer vor vierzig Jahren!

Viele Fußballfans können genau sagen, wie viele Tore ihr Lieblingsspieler wann geschossen hat, welcher Torwart die meisten Elfmeter gehalten hat und vieles mehr. Aber wer weiß schon, wie schnell ein Fußball geschossen werden kann oder wie das höchste Spielergebnis aller Zeiten lautet? Hier sind einige erstaunliche Fußballzahlen zwischen 1 und 1000:

1:0 ist nach einer Studie der FIFA das häufigste Spielergebnis im Fußball.

6 Eigentore schoss Manfred Kaltz – so viele wie kein anderer Bundesligaspieler.

9,15 Meter beträgt der Radius des Mittelkreises und der Mindestabstand der Spieler zum Freistoßschützen.

42 Jahre alt war der Kameruner Roger Milla, als er bei der WM 1994 ein Tor erzielte. Damit war er der älteste WM-Torschütze aller Zeiten.

78,6 Meter weit fliegt ein Ball höchstens, der mit 100 km/h geschossen wird. Der optimale Winkel beim Abschuss beträgt 45 Grad.

9,15 Meter

80 Kilogramm muss der Torwart ungefähr bei einem Elfmeter fangen: So schwer wird der Ball durch die Beschleunigung.

89 Sekunden dauerte der schnellste Hattrick aller Zeiten. So schnell schoss der Schwede Magnus Arvidsson 1995 drei Tore hintereinander.

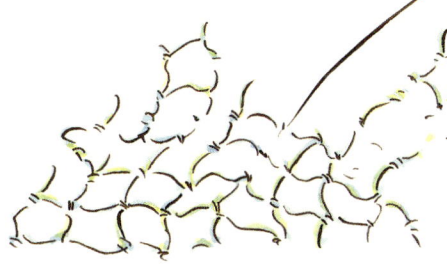

162 km/h: So schnell hat der Brasilianer Roberto Carlos den Ball schon geschossen. In der Bundesliga wurde die höchste Geschwindigkeit beim Niederländer Roy Makaay gemessen: 137 km/h.

149:0 siegte der madegassische Verein AS Aeroport de Madagascar 2002 in einem Meisterschaftsspiel. Aus Protest gegen den Schiedsrichter schoss die gegnerische Mannschaft ein Eigentor nach dem anderen.

Die deutsche WM-Mannschaft von 1954.

1000 DM gab es als Titelprämie bei der WM 1954 für die deutschen Spieler, als sie »das Wunder von Bern« schafften und völlig überraschend Weltmeister wurden.

Mauslexikon

Bananenflanke: eine besondere Art, einem Mitspieler den Ball vor dem gegnerischen Tor zuzuspielen. Dazu wird der Ball angeschnitten und fliegt dann in einem Bogen. Bananenflanken sind gefährlich, weil die Abwehrspieler bei der krummen Flugbahn schlecht einschätzen können, wo der Ball ankommt.

Champions League: der wichtigste Wettbewerb für die besten europäischen Vereinsmannschaften. Die Meister der einzelnen Länder und weitere gut platzierte Vereine nehmen daran teil. Rekordgewinner der Champions League ist mit neun Titeln der spanische Verein »Real Madrid«.

defensives Spiel: eine Spielweise, bei der die Mannschaft sich mehr auf die Abwehr als auf den Angriff konzentriert.

DFB: Abkürzung für den Deutschen Fußball-Bund. Seine Aufgabe ist es, den Fußballsport in Deutschland zu organisieren, wozu die nationalen und auch internationale Wettbewerbe gehören. Er richtet zum Beispiel die Deutsche Meisterschaft und den DFB-Pokal aus und organisiert die Weltmeisterschaften in Deutschland. Der DFB hat mehr als 26 000 Vereine mit über 6 Millionen Mitgliedern.

Fallrückzieher: ein Torschuss, bei dem der Spieler mit dem Rücken zum Tor steht. Er lässt sich nach hinten fallen und spielt dabei den Ball über seinen Kopf. Auch ein Abwehrspieler versucht manchmal einen Fallrückzieher, wenn er ein Tor nicht mehr anders verhindern kann.

FIFA: Abkürzung für den Weltfußballverband. Die FIFA organisiert vor allem die Fußballweltmeisterschaften der Männer, Frauen und Jugendlichen und das olympische Fußballturnier.

Kontaktsportart: ein Sport, bei dem die Spieler Körperkontakt haben. Fußball und Ringen zum Beispiel sind Kontaktsportarten – Volleyball und Tennis nicht.

Liga: eine Spielklasse bei Mannschaftssportarten wie Fußball. Eine feste Anzahl von Mannschaften wird in einer Liga zusammengefasst und spielt nach einem festgelegten Spielplan gegeneinander.

offensives Spiel: eine Spielweise, bei der die Mannschaft sich mehr auf den Angriff als auf die Abwehr konzentriert.

Spielmacher: der Spieler, der im Mittelpunkt der Mannschaft steht. Er organisiert Angriff und Abwehr, behält den Überblick, schießt oft auch Tore und ermuntert seine Mitspieler, damit sie auch in schwierigen Situationen gut spielen. Spielmacher müssen hervorragende technische und spielerische Fähigkeiten haben und sind für ihre Mitspieler oft Vorbilder.

Spielsystem: Es legt die Positionen der Spieler auf dem Platz fest. Dabei gibt man alle Spieler, außer dem Torwart, durch Zahlen an. Das heute beliebteste System heißt »4-4-2«, weil man dabei mit vier Verteidigern, vier Mittelfeldspielern und zwei Stürmern spielt. Je höher die erste Zahl ist, desto mehr ist die Spielweise auf Verteidigung ausgerichtet; je höher die letzte Zahl ist, desto mehr spielt man auf Angriff.

Taktik: das festgelegte Zusammenspiel von Abwehr, Mittelfeld und Angriff. Der Trainer bestimmt die Taktik für jedes Spiel, passt sie aber auch immer wieder dem Spielverlauf an. Bei der Festlegung der Taktik berücksichtigt er vor allem die Stärken und Schwächen der eigenen und der gegnerischen Mannschaft und reagiert im Spiel auf Tore, Verletzungen und Platzverweise.

UEFA: Abkürzung für die »Union of European Football Associations«, die Vereinigung europäischer Fußballverbände. Die UEFA richtet die → Champions League und den → UEFA-Cup aus, außerdem die Europameisterschaften und die WM-Qualifikationsrunde der Europa-Zone.

UEFA-Cup: neben der → Champions League der zweite wichtige Wettbewerb für europäische Vereinsmannschaften.

unparteiisch: unvoreingenommen. Schiedsrichter müssen unparteiisch sein und alle Spieler und Mannschaften gleich und gerecht behandeln.

Wanderpokal: ein Pokal, den der Sieger eines Wettbewerbs nicht behalten darf, sondern an den nächsten Sieger weitergeben muss.

Register

FRAG doch mal...

Die große Sachbuchreihe mit der Maus!

Kinder stellen die besten Fragen. Da kommen Erwachsene schon mal ins Grübeln.
Zum Glück gibt es jetzt die Sachbuchreihe mit der Maus, die auf jede Frage
eine gute Antwort weiß. »Frag doch mal ... die Maus!« lädt Kinder dazu ein, Schritt
für Schritt die Welt um sich herum zu entdecken.
Jedes Buch mit vielen Illustrationen, einer Ausklappseite, spannenden Aufdeckfolien,
einem großen Sammelposter – und natürlich mit der Maus!

Frag doch mal ... die Maus!
Ritter und Burgen
ISBN 978-3-570-13145-9

Frag doch mal ... die Maus!
Dinosaurier
ISBN 978-3-570-13149-7

Frag doch mal ... die Maus!
Pferde
ISBN 978-3-570-13153-4

Frag doch mal ... die Maus!
Unser Wald
ISBN 978-3-570-13146-6

Frag doch mal ... die Maus!
Flugzeuge
ISBN 978-3-570-13150-3

Frag doch mal ... die Maus!
Fußball
ISBN 978-3-570-13404-7

Frag doch mal ... die Maus!
Autos
ISBN 978-3-570-13147-3

Frag doch mal ... die Maus!
Meere und Ozeane
ISBN 978-3-570-13151-0

Frag doch mal ... die Maus!
Weltall
ISBN 978-3-570-13155-8

Frag doch mal ... die Maus!
Zeitreise
ISBN 978-3-570-13148-0

Frag doch mal ... die Maus!
Mein Körper
ISBN 978-3-570-13152-7

8004/9

cbj

www.cbj-verlag.de/diemaus